LOOK!
看！线条怎么说话

文/图：〔英〕吉莉恩·沃尔夫　　翻译：侯维玲

河北出版传媒集团公司
河北教育出版社

图书在版编目（CIP）数据

看！线条怎么说话／（英）沃尔夫著；侯维玲译．
—石家庄：河北教育出版社，2011.7（2015.7重印）
（启发精选世界优秀艺术鉴赏绘本）
书名原文：LOOK! Drawing the Line in Art
ISBN 978-7-5434-8216-6

I.①看… II.①沃…②侯… III.①绘画－鉴赏－世界－儿童读物 IV.①J205-49

中国版本图书馆CIP数据核字（2011）第107930号

冀图登字：03-2010-008

Look! Drawing the Line in Art
Copyright © Frances Lincoln Limited 2008
Text copyright © Gillian Wolfe 2008
Simplified Chinese translation copyright © 2011 by Hebei Education Press
through Bardon-Chinese Media Agency
All rights reserved.
本简体字版 © 2011由台湾麦克股份有限公司授权出版发行

看！线条怎么说话

编辑顾问：余治莹	印刷：北京盛通印刷股份有限公司
译文顾问：王 林	发行：北京启发世纪图书有限责任公司
责任编辑：袁淑萍 马海霞 葛 蓓	www.7jia8.com 010-59307688
策划：北京启发世纪图书有限责任公司	开本：889mm×1194mm 1/16
台湾麦克股份有限公司	印张：3
出版：河北出版传媒集团	版次：2011年7月第1版
河北教育出版社 www.hbep.com	印次：2015年7月第5次印刷
（石家庄市联盟路705号 050061）	书号：ISBN 978-7-5434-8216-6
	定价：33.80元

版权所有 翻印必究　　　　　如有印装质量问题请与印刷厂联系（010-67887676转816）

目 录

看一看　线条画的画……………………………9

看一看　草图的线条……………………………10

看一看　涂鸦的线条……………………………12

看一看　粗实的线条……………………………15

看一看　纤细的线条……………………………16

看一看　对称的线条……………………………18

看一看　激动的线条……………………………21

看一看　建筑的线条……………………………22

看一看　书写的线条……………………………24

看一看　剪纸的线条……………………………27

看一看　风景的线条……………………………28

看一看　戏剧性的线条…………………………30

看一看　叶片的线条……………………………32

看一看　线条构成的纹路………………………34

看一看　表现立体感的线条……………………36

看一看　呈现肌理的线条………………………39

查一查……………………………………………40

画家和画作中英文对照…………………………45

看一看
线条画的画

某日，知名画家拉斐尔在乡间散步。他在途中遇见一位年轻的母亲带着两个可爱的孩子，一时很想把他们画下来，手边却没有画具。拉斐尔找到了几支粉笔，便在身旁一个酒桶的桶底上作画。

这幅圆形的画作相当雅致，许多画家纷纷仿效，他们也在圆框里绘制母子图像。这个类型的画作被称为"圆形画"。

在远古的旧石器时代，穴居原始人使用烧过的木炭、煤灰、油脂和泥土，将捕猎到的动物画在洞穴石壁上。你也可以在任何东西上画画，例如：纸、木头、布料、皮革、瓷器、玻璃、镜子、金属、贝壳、石头、路面和墙壁，还可以用糖霜在蛋糕上挤出图案，或拿树枝在沙地上画出图案。

你甚至可以用面部彩绘颜料涂抹在自己的身体上作画！

在玻璃窗上呼一口气，趁热气还在时，用手指画一幅线条画吧！

拉斐尔的第一幅"圣母子"素描　约翰·米歇尔·维特梅尔

看一看
草图的线条

画家开始作画前,通常会先画草图。这幅铅笔草图画的是正在跳舞的奎师那王子,他戴着耳环和珠宝,因为这位王子的地位崇高。在印度,黑天神奎师那是印度教徒崇拜敬仰的神。

画家在草图线条上扎出一个个小洞,接着把草图放在空白的纸上,用黑粉笔轻轻点压这些小洞。移开草图后,无数小黑点组成的线条与草图图案完全一致,画家对于该在哪里上色一目了然。这种草图技法的英文名称——Cartoon——与现在我们所熟悉的趣味"卡通"用字相同,但意义却完全不同。

看一看这张草图上了颜色的地方,那些色彩是不是为这幅画注入了生气?其中,最吸引你目光的是那双令人惊异的眼睛?如蛇般的乌黑发丝?珠宝?还是精美的头饰?

用一张半透明的纸,描摹奎师那的头部线条,再沿着线条扎洞。在这张草图底下垫一张纸,用粘上炭笔粉末的刷子轻压小洞,接着移开草图,将纸上的黑点连成线条。用这种方式,你可以多次复制自己设计的图案。

奎师那的头像：拉斯里拉舞蹈壁画的草图　萨伊伯·兰姆　北印度拉杰普特绘画之拉杰斯坦尼画派

看一看
涂鸦的线条

死亡之舞 保罗·克利

有人称这种作画方式为"带着线条漫步"。这是一种未经构思、随意快速涂写的线条,可称之为"随意线条",或者"即兴线条"。

用手指顺着左图的人物线条画画看,感受一下保罗·克利是如何捕捉狂野且活力十足的舞蹈动作的。

《大嘴的男人》的面孔极为有趣:硕大的下巴、尖尖的鼻子、一双既小且空洞的眼睛,以及一头卷曲的鬈发。

那么,当线条相交时,又会产生什么效果呢?看一看右图,相交的线条构成了各种形状,逐一被涂上色调差异不大的颜色。

速写人的面孔或动作。每画一张图,都必须笔不离纸,直到画完才将笔从纸上移开。试着使用锯齿状或弯曲的线条作画,闭上眼睛更好!最后,再将各个区块涂上不同的颜色。

大嘴的男人 保罗·克利

看一看 粗实的线条

以建筑工人为题的习作:休息中 费尔南德·莱热

在这座忙碌的建筑工地上,几位工人累得坐下来休息;其他工人则继续架设钢架,准备盖房子或工厂。

整个画面充满又粗又直的线条,我们的目光也随之延伸到画作四周。

画里的云朵一点儿也不松软——粗黑的曲线勾勒出云朵的形状。即使是那根弯卷的绳索和那棵外形怪异的树,都有着厚实的轮廓。

粗实的线条、强烈的用色,以及这群有着一双双大手的强壮男子,让这幅画充满了力量。

垂直线笔直站立,水平线与之相交,斜线则倾靠其上。用垂直线、水平线和斜线画一幅粗线条画,并涂上强烈的色彩。粗芯马克笔是最佳的上色工具。

看一看
纤细的线条

你曾经觉得害羞吗?是否记得自己胆怯退缩,或者对周遭一切感到忧虑的时刻?

这个乡下女孩正忧心地仰望着为自己画像的知名画家。想象一下,她心里在想些什么?看一看这些铅笔线条,它们纤细得几乎快看不见了。看一看涂在画上的稀薄色彩——画家在女孩的头、腰之间刷上用水稀释的颜料,并用一团乌灰色块制造阴影效果,以衬托出女孩的裙子。

约翰·康斯特布尔的素描线条轻柔纤细,用来诠释这女孩极为适合。

用力将画笔压在纸上,以锐利的线条画出圆点、戳出小洞。接着,再试着以最轻柔的力道,画出几乎看不见的线条。

索夫克郡的孩子 约翰·康斯特布尔

看一看 对称的线条

这两位外表非常高贵的女士笔直地坐在床上。她们是姐妹，也有可能是双胞胎，才会如此相像。据我们所知，这对姐妹不仅在同一天结婚，连怀孕生子的时间也相同。

用水彩在纸的半边画一张脸。趁着颜料未干，赶紧将这张纸对折，让有图的那一半压在上面，就可以印出对称且重复的镜像画面。

这幅画里的每个细节都和谐、均衡并且齐整。整体设计严谨、对称。由于各种线条和形状不断地重复,画中的两位仕女看起来几乎就像彼此的镜射影像。

初看这幅画,你可能认为这两位母亲是同一个人。事实上,画家并未让她俩完全一样。

寇蒙德里家族仕女肖像　17世纪的英国画派

仔细比对这两位仕女和她们怀里的婴儿,有哪些地方不一样?

噬鸟的猫　巴布罗·毕加索

看一看
激动的线条

这只猫像狮子一样的凶残！出于猫的天性，它攻击并杀死捕到的猎物。

毕加索捕捉到这幅血腥残忍的画面。他豢养的结实大猫，有着野兽般的身躯和恶魔似的面孔。这只猫以致命的利齿，撕咬已经断气的鸟。

用深暗和明亮的粗线条，毕加索绘出猫的古怪面孔、警惕的耳朵与骇人的利齿。黑、白色的环形线条构成一双充满威胁意味的炯炯大眼。厚重的黑线勾勒出紧攫住鸟儿松软身躯的弯曲巨爪。

"大自然的残暴尽在齿爪间"——这句谚语所说的，正是如此可怕的瞬间。

画下自己暴怒或害怕时的脸，善用每一道线条表达惊骇或恐惧。

看一看
建筑的线条

下一次过河时,仔细欣赏一下河上的桥梁。虽然当今不乏巧夺天工的桥梁设计,但在数百年前,搭建桥梁绝非易事。

这幅画中的桥梁是一座横跨泰晤士河、尚未完工的新桥,曾被誉为全世界最美的木造拱形建筑。拱桥的中心高度,足以让降下船帆的船只通过。遗憾的是,这座木桥只维持了十八年,还来不及腐朽就毁坏了。

哥特式教堂内部 老彼得·尼夫斯

如何知道画里的哪些东西离你比较近，哪些离你比较远呢？这幅画的画家运用了高明的技法，让人仿佛踏进了建筑物里。

线条可以带领你的目光望向远方，这幅画就是最好的例子。距离越远，各种形状变得越小。例如，教堂里的柱子，离你较近的柱子被画得宏伟粗壮，距离比较远的就小得几乎看不到。画中的人物也由于在教堂里的位置不同，而有大有小，这就是"透视法"。

设计一座属于你的独特桥梁。你可以设计得美轮美奂、豪华且装饰性十足，当然啦，还得坚固才行！用线条画出桥梁的构造。

泰晤士河上的旧沃顿桥 卡纳列托

看一看
书写的线条

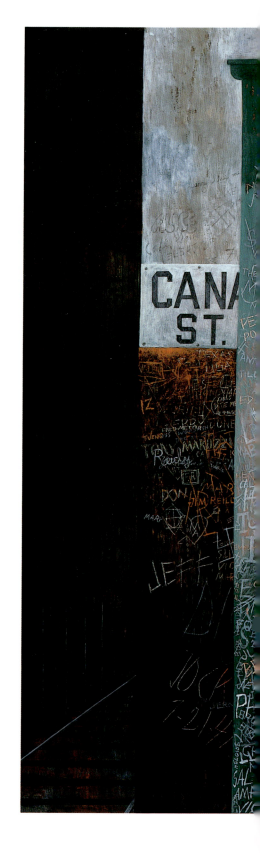

你一眼就能看出这两个犹太男孩住在都市里。他们正在纽约地铁的站台上,趁着等车的片刻,两人刚好可以共读一本希伯来文书。

男孩身后的墙上涂满了乱划、乱写和乱印的文字。所有的文字混成一团,成了装饰这面乏味墙壁的有趣图案。在上百层潦草相叠的涂鸦文字中,你能认出几个不同的名字?画家常常在画作中使用文字。只要看看各种广告和商标,就可以领会平面设计者安排文字的技巧有多高明。

书写的每一道笔画,都是由线条构成的。所有的文字皆由线条组合而成。当你写着自己的名字时,就像正领着线条走来走去。

创作一幅有趣的签名画。在很大的纸上,请朋友写下名字或留言,直到每个地方都写满了,字和字之间几乎没有空隙为止。

循规蹈矩的东正教男孩　伯纳德·佩林

看一看
剪纸的线条

你试过用纸剪下一些图样，拼贴成一幅图画吗？

画家马蒂斯就是用这种方式作画。年迈的马蒂斯必须坐在轮椅上，没办法继续作画，他并没有就此放弃，反而想到了创作精彩画作的新方法。他先在纸上涂上自己想要的颜色，但并不预先画草稿，只是剪下需要的形状，再依照个人喜好拼贴组合。

马蒂斯是位画家也是雕刻家。他曾说，剪纸让他可以用色彩作画。即使画作完全是以形状和颜色组合而成，线条依然充满了力量，左图就是最好的例子。

为什么马蒂斯称这幅作品为《滑雪橇》呢？你能看得出来吗？

请准备印有花样和单色的纸张——旧杂志可以派上用场。不用事先在纸上画草图，只须剪下形状，依你喜欢的方式排列在一张彩色底图上，并粘贴成一幅拼贴画。

滑雪橇 爵士系列 亨利·马蒂斯

看一看 风景的线条

多令人震撼的风景啊！岩石的线条将你的目光拉向远方的城市。那座城市由粉红色石头筑成，优美得宛如神话。岩石的线条还堆砌出一座座直入云霄的陡峭山峰。矮小的植物、急促奔跑的兔子，以及由倒下的树干搭成的横跨绿色河流的桥梁，更加深了这幅画的诡异气氛。

耶稣正在祈祷，天使守护着他。几个门徒睡得很沉，并未察觉危险已逼近。另一个门徒——犹大——从不远的弯道绕了过来，还带了一群士兵。一行人沿着蜿蜒的山路走来，准备逮捕耶稣。

画中人物被衣物的皱褶线条包裹着，看起来就像四周的岩石一样冷硬。

不管是高山、田野、树木、河流、道路、铁路还是城镇，都可以用直线和曲线画成。试试看吧！

园中祈祷　安德列亚·曼坦尼亚

看一看 戏剧性的线条

救生索　温斯洛·荷马

发生海难了！一位女子被人救起。她精疲力竭，有可能受了伤，我们可以瞥见她膝盖上的那抹血红色。

一位海岸巡逻队员拯救了她的性命，如同穿着闪亮盔甲的骑士般英勇。即使风雨猛烈抽打着他们，这位男子仍然紧紧地抱着她。

救生索拉着两人越过冰冷的海面，无情的海浪威胁着他们。

画家住在海边，目睹了不少如此可怕的意外。

整幅画的戏剧性焦点全集中在那条救生索上。这条绳索让画面充满紧绷的焦虑气氛。

线条可以明显标示危险的临界点，例如，火车站站台的边缘。线条也可以指示方向，例如，画在马路上的标志。脸上的线条可以表达情感，可以显示年龄。线条还可以制造戏剧张力。

这两个无助的人，会被平安救起吗？

想象一位如同罗宾汉、超人或哈利·波特般的英雄，创造一则跟冒险有关的危机重重的故事，并用戏剧性的线条，画出最后一幕拯救画面。

看一看
叶片的线条

当你看着树木和植物时,通常不会注意到每一片叶子。

卢梭特别画出了每片叶子。他喜爱来自遥远国度、充满异国情调的古怪植物。这位画家曾说过,那些植物让他恍如走入一场梦境,在那里,他有可能是个全然不同的人。

卢梭从未造访过热带丛林。他笔下的树林,长着热带水果和奇异的花朵;然而,这座美丽丛林却可能危机四伏。印第安人正奋力地与大猩猩搏斗,不知道谁会打赢。大猩猩看起来勇武有力,但是印第安人拥有武器。

四周都是巨大的植物。锐利的尖叶成排成列,好似正指着在血红太阳下交战的两个渺小生物。

热带风光——美洲印第安人与大猩猩的搏斗 亨利·卢梭

画一幅热带丛林的图画,在茂密的长叶,高大的叶茎,充满异国情调的花朵、草浪和树木之间隐藏着一只只凶猛的怪兽。

看一看 线条构成的纹路

有灯的房间 大卫·霍克尼

住在这房间里的人，一定爱极了条纹！

两张红白条纹大沙发，摆在织有热闹的Z形条纹的地毯上。

书架上填满书脊的条纹。壁炉由垂直和水平的砖砌线条构成。灯罩上覆满花纹。花瓶、插在花瓶里的细枝和壁炉里的火焰都是由线条组成。

你见到的每样东西都是由线条构成的。仔细看看你的家，有哪些图案是由线条构成的呢？

用条纹、Z形曲线、漩涡线条和蛇行线条画一幅画。当许多条纹紧密排列在一起时，常会形成有趣的视觉效果。试试看吧！

看一看
表现立体感的线条

伦勃朗的大象有着又大又肥的肚子、巨大沉重的头颅,以及像树干一样的四肢。这幅画并不仅仅是轮廓素描。

伦勃朗到底做了什么,让你知道这头大象真的十分结实?他运用线条,将大象身躯的局部,变得比其他部分更暗。这就是"明暗法"。明暗法制造出阴影,阴影让物体看起来浑圆厚实,仿佛是立体的。

虽然大象的重量惊人,伦勃朗却用轻柔且几近模糊的线条,表现这只庞大巨兽的体形和力量。另外,他也以线条表现大象后腿与颈部皮肤的松弛皱褶。

看一看这幅画背景里的人物。这些人物没有明暗。你觉得他们立体吗?

大象 伦勃朗

画出一头大象的轮廓。接着,运用一点儿明暗法,再画另一头。看看这两头大象是否非常不同。

看一看
呈现肌理的线条

一个行经乡野的旅者被强盗袭击。强盗抢走旅者的衣物,痛打他一顿,并把这个可怜人留在原地等死。一个虔诚的犹太信徒走了过来,却绕到路的另一边离开了。接着,来了一个在犹太圣殿里帮忙的利未人,但他也没有停下脚步。只要仔细看,就可以看见这两人位于画中的远处。最后,一个充满怜悯之心的撒玛利亚人,刚好经过,才替这个可怜人清洗和包扎伤口。

这幅画所表现的,正是善良的撒玛利亚人,将伤者抬到自己骡子上的那一瞬间。

梵高的绘画方式相当独特,非常易于辨认。每一道笔触都是粘满厚实颜料的线条。

倾斜的彩色线条有如涌动的流水,让画面充满生机勃勃的动感。

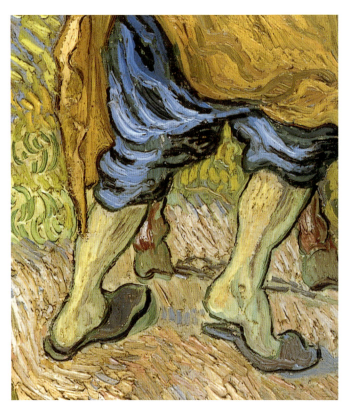

想使用呈现肌理的线条,画出类似的作品,必须将颜料调合得相当浓稠,并用几近点压的方式,画出成排成列的厚实彩色线条。

善良的撒玛利亚人 温森特·梵高

查一查

这个部分帮助你更多地了解书里的画家和画作,例如画家使用的媒材、画家生活的年代,还有收藏这些画的地方。

第8-9页
拉斐尔的第一幅"圣母子"素描 1853
约翰·米歇尔·维特梅尔(1802-1880)
英国 伦敦 皇家收藏馆

约翰·米歇尔·维特梅尔是德国画家。在成为画家之前,他所受的是金匠的训练。他的画作以历史场景和德国的宗教题材为主。维多利亚女王的丈夫艾伯特——也是德国王子——非常欣赏维特梅尔的作品,因此买下这幅画,挂在某座皇宫里。

第11页
奎师那的头像:拉斯里拉舞蹈壁画的草图 约1800
萨伊伯·兰姆(约1800),北印度拉杰普特绘画之拉杰斯坦尼画派
美国 纽约 大都会博物馆

壁画,也称为壁饰,曾经被用来装饰印度的宏伟建筑。伊斯兰教画家——萨伊伯·兰姆受雇绘制这幅画,他是当时最有天分的画家之一。他最杰出的画作,是一幅描绘茹阿达和奎师那正在舞蹈的壁画,遗憾的是,这幅画未能完整保存至今。

第12页
死亡之舞 1931
保罗·克利(1879-1940)
美国 波士顿美术馆

第13页
大嘴的男人 1930
保罗·克利(1879-1940)
瑞士 保罗·克利基金会

保罗·克利,瑞士人,诞生在一个音乐家庭里。他的父亲是音乐教师,母亲是歌唱家。成年后,他搬到德国,娶了一位钢琴家为妻。克利的画作被喻为"自由幻想曲",且充满诗意。他曾任教于著名的包浩斯艺术学院,是一名相当出色的教师。克利曾远赴非洲突尼斯旅行,在当地体验到全然不同的色彩,对他日后的创作影响深远。

第14 – 15页

以建筑工人为题的习作：休息中 1950

费尔南德·莱热 (1881 – 1955)

英国 爱丁堡 苏格兰国立现代美术馆

　　莱热，法国人，起初学的是建筑。搬到巴黎后，深为现代艺术的不安特质所吸引，毕加索和布拉克对他的影响很大。莱热的"立体派"风格之基本构成元素为：具有闪亮金属外表的机械形状，浓烈的色彩，以及如同机器人般的壮实人物。

第16 – 17页

索夫克郡的孩子 1835

约翰·康斯特布尔 (1776 – 1837)

英国 伦敦 维多利亚与艾伯特博物馆

　　这位著名的英国画家未能在有生之年功成名就。即使在法国获得高度重视，也仅仅卖出二十幅作品。他必须画肖像画，才能赚取足够的生活费。然而，康斯特布尔比较喜爱在户外作画。他很喜欢画水彩风景画，作品中常出现多风的辽阔天空。他的《干草车》相当知名，描绘的是英国乡野风景。

第18 – 19页

寇蒙德里家族仕女肖像 约1600 – 1610

17世纪的英国画派

英国 伦敦 泰德画廊英国馆

　　在英国伊丽莎白女王一世和詹姆斯国王的时代，像这样的家族肖像画相当普遍。我们不知道画家是谁，甚至无法确定这个家族的姓氏，画中人物所摆的姿势，也从未在其他画作中见过。这是一幅谜样的肖像画。

第20 – 21页

噬鸟的猫 1939

巴布罗·毕加索 (1881 – 1973)

私人收藏

　　毕加索，西班牙艺术家，从小就是个神童。他相当长寿，一生勇于尝试，不断以各种新奇的方式实验艺术创作。跟其他艺术家相比，毕加索可以说是扭转了我们欣赏艺术的视角的人。他创作的作品充满了力量，有时看似扭曲和混乱。在当今世界各地的现代美术馆里，几乎都能看到他的作品。

第22页
泰晤士河上的旧沃顿桥 1754
卡纳列托 (1697 – 1768)
英国 伦敦 达伟奇画廊

　　卡纳列托最闻名的，或许是他笔下复杂精细且装饰繁复的威尼斯景物。英国游客很喜欢这类风景画，争相购买他的作品。他陆续拜访英国长达十多年之久，并画了许多英国风景画。卡纳列托的画家生涯可谓名利双收。

第23页
哥特式教堂内部 约1630
老彼得·尼夫斯 (1577 – 1661)
英国 伦敦 达伟奇画廊

　　老彼得·尼夫斯特别擅长画建筑物，尤其是教堂内部。有时他会和其他画家共同创作，他的任务就是画作品中的建筑物。尼夫斯住在安特卫普，位于现在的比利时。但在当时，安特卫普所在的地区被称为"尼德兰"。

第24 – 25页
循规蹈矩的东正教男孩 1948
伯纳德·佩林 (生于1918)
英国 伦敦 泰德现代美术馆

　　伯纳德·佩林生于美国维吉尼亚，双亲皆为俄裔犹太人。在纽约和波兰完成学业后，他成为一位平面艺术家，后来成为美术教师。他和其他的美国现代主义画家，一起创造了以美国日常生活为题材的强烈写实图像。

第26页
滑雪橇 爵士系列 1946
亨利·马蒂斯 (1869 – 1954)
法国 巴黎 国立现代美术馆

　　马蒂斯原本学的是法律，没想到在阑尾炎康复后，竟开始画画，他将绘画比喻为"发现一座天堂"。他成为现代绘画的先驱之一，并运用明亮的色彩，发展出具有高度装饰性的艺术风格。当马蒂斯年老病弱得无法画画时，还发明了一种创作技巧——用色纸剪出图画。

第28－29页
园中祈祷 约1460
安德列亚·曼坦尼亚 (约1431－1506)
英国 伦敦 国家画廊

  曼坦尼亚是一位画家，他的养父是一位考古学家。他后来也成为一位考古专家，成就远比他在绘画上的表现更加辉煌。曼坦尼亚笔下的人物外表冷硬，仿佛是由石头雕成的。他还发明了一种高明的技法，让画在天花板上的人物，看起来好像飘浮在空中。这项技巧后来为许多画家所仿效。

第30－31页
救生索 1884
温斯洛·荷马 (1836－1910)
美国 费城 费城艺术博物馆

  温斯洛·荷马的母亲是位天才画家，对他影响很大。荷马所画的钓鱼和战争射击景象相当迎合美国人的喜好。但是他真正热爱的，是画下海洋不断变幻的样貌。他住在缅因州的普鲁特海峡的偏僻海岸画室里。紧邻着波涛汹涌的海洋，他发现许多可以用来创作的戏剧性题材。

第32－33页
热带风光——美洲印第安人与大猩猩的搏斗 1910
亨利·卢梭 (1844－1910)
美国 维吉尼亚州列治文市 维吉尼亚美术馆

  卢梭在法国海关服务，平时利用工作闲暇作画。他的画作呈现简单且直接的风格，总是以浓烈的色彩仔细描绘，画中的景象奇异且如梦似幻。后来卢梭非比寻常的天赋受到毕加索的认可，他才得以受到大众瞩目。

第34－35页
有灯的房间 2003
大卫·霍克尼 (生于1937)

  大卫·霍克尼是知名的画家、版画家、摄影家和舞台设计家。他永不停歇地追求最新实验手法尝试新创作技巧，是20世纪最引领风潮的英国画家。他的艺术作品数量惊人，不仅风格迥异，多样的形式变化更超乎我们想象。

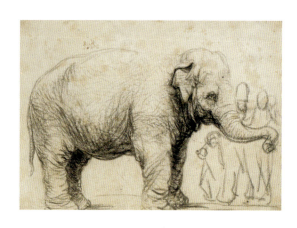

第36–37页
大象 约1637
伦勃朗 (1606–1669)
英国 伦敦 大英博物馆

　　伦勃朗，荷兰磨坊主之子。是欧洲18世纪以前的重要画家，也是有史以来最著名的画家之一。他在二十二岁时，已经是个出色的画家。一开始，他名利双收，后来却由于不善理财而为债务所困。他所绘的肖像画，被视为绝无仅有的杰作。

第38–39页
善良的撒玛利亚人 1890
温森特·梵高 (1853–1890)
荷兰 奥特罗 库勒·慕勒美术馆

　　梵高，荷兰画家，现代艺术大师，以卓越的绘画天分和悲惨命运闻名于世。梵高一生贫困窘迫，如今世人却争相购买他的画作。他的绘画风格充满奔放活力、色彩丰富且热情洋溢，一眼即可辨认。

画家和画作中英文对照

画 家

约翰·米歇尔·维特梅尔　Johann Michael Wittmer⋯⋯⋯⋯⋯⋯⋯⋯⋯⋯⋯⋯⋯⋯8-9
萨伊伯·兰姆　Sahib Ram⋯⋯⋯⋯⋯⋯⋯⋯⋯⋯⋯⋯⋯⋯⋯⋯⋯⋯⋯⋯⋯⋯⋯⋯11
保罗·克利　Paul Klee⋯⋯⋯⋯⋯⋯⋯⋯⋯⋯⋯⋯⋯⋯⋯⋯⋯⋯⋯⋯⋯⋯⋯⋯12-13
费尔南德·莱热　Fernand Leger⋯⋯⋯⋯⋯⋯⋯⋯⋯⋯⋯⋯⋯⋯⋯⋯⋯⋯⋯⋯14-15
约翰·康斯特布尔　John Constable⋯⋯⋯⋯⋯⋯⋯⋯⋯⋯⋯⋯⋯⋯⋯⋯⋯⋯16-17
17世纪的英国画派　British School, 17th Century⋯⋯⋯⋯⋯⋯⋯⋯⋯⋯⋯⋯⋯18-19
巴布罗·毕加索　Pablo Picasso⋯⋯⋯⋯⋯⋯⋯⋯⋯⋯⋯⋯⋯⋯⋯⋯⋯⋯⋯⋯20-21
卡纳列托　Canaletto⋯⋯⋯⋯⋯⋯⋯⋯⋯⋯⋯⋯⋯⋯⋯⋯⋯⋯⋯⋯⋯⋯⋯⋯⋯22
老彼得·尼夫斯　Peeter Neeffs⋯⋯⋯⋯⋯⋯⋯⋯⋯⋯⋯⋯⋯⋯⋯⋯⋯⋯⋯⋯⋯23
伯纳德·佩林　Bernard Perlin⋯⋯⋯⋯⋯⋯⋯⋯⋯⋯⋯⋯⋯⋯⋯⋯⋯⋯⋯⋯24-25
亨利·马蒂斯　Henri Matisse⋯⋯⋯⋯⋯⋯⋯⋯⋯⋯⋯⋯⋯⋯⋯⋯⋯⋯⋯⋯⋯⋯26
安德列亚·曼坦尼亚　Andrea Mantegna⋯⋯⋯⋯⋯⋯⋯⋯⋯⋯⋯⋯⋯⋯⋯⋯⋯28-29
温斯洛·荷马　Winslow Homer⋯⋯⋯⋯⋯⋯⋯⋯⋯⋯⋯⋯⋯⋯⋯⋯⋯⋯⋯⋯30-31
亨利·卢梭　Henri Rousseau⋯⋯⋯⋯⋯⋯⋯⋯⋯⋯⋯⋯⋯⋯⋯⋯⋯⋯⋯⋯⋯32-33
大卫·霍克尼　David Hockney⋯⋯⋯⋯⋯⋯⋯⋯⋯⋯⋯⋯⋯⋯⋯⋯⋯⋯⋯⋯34-35
伦勃朗　Rembrandt⋯⋯⋯⋯⋯⋯⋯⋯⋯⋯⋯⋯⋯⋯⋯⋯⋯⋯⋯⋯⋯⋯⋯⋯36-37
温森特·梵高　Vincent van Gogh⋯⋯⋯⋯⋯⋯⋯⋯⋯⋯⋯⋯⋯⋯⋯⋯⋯⋯⋯38-39

画 作

拉斐尔的第一幅"圣母子"素描　Raphael's First Sketch of the 'Madonna della Sedia'⋯8-9
奎师那的头像:拉斯里拉舞蹈壁画的草图
Head of Krishna: Cartoon for a Mural Painting of the Ras Lila⋯⋯⋯⋯⋯⋯⋯⋯⋯11
死亡之舞　Tanzt Entsetzen (Danse Macabre)⋯⋯⋯⋯⋯⋯⋯⋯⋯⋯⋯⋯⋯⋯⋯12
大嘴的男人　Man with Big Mouth⋯⋯⋯⋯⋯⋯⋯⋯⋯⋯⋯⋯⋯⋯⋯⋯⋯⋯⋯13
以建筑工人为题的习作:休息中　Study for The Constructors: The Team at Rest⋯14-15
索夫克郡的孩子　A Suffolk Child⋯⋯⋯⋯⋯⋯⋯⋯⋯⋯⋯⋯⋯⋯⋯⋯⋯⋯⋯16-17
寇蒙德里家族仕女肖像　The Cholmondeley Ladies⋯⋯⋯⋯⋯⋯⋯⋯⋯⋯⋯⋯18-19
噬鸟的猫　A Cat Devouring a Bird⋯⋯⋯⋯⋯⋯⋯⋯⋯⋯⋯⋯⋯⋯⋯⋯⋯⋯20-21
泰晤士河上的旧沃顿桥　Old Walton Bridge over the Thames⋯⋯⋯⋯⋯⋯⋯⋯⋯22
哥特式教堂内部　Interior of a Gothic Church⋯⋯⋯⋯⋯⋯⋯⋯⋯⋯⋯⋯⋯⋯⋯23
循规蹈矩的东正教男孩　Orthodox Boys⋯⋯⋯⋯⋯⋯⋯⋯⋯⋯⋯⋯⋯⋯⋯⋯24-25
滑雪橇　The Toboggan, from the series entitled Jazz⋯⋯⋯⋯⋯⋯⋯⋯⋯⋯⋯⋯26
园中祈祷　The Agony in the Garden⋯⋯⋯⋯⋯⋯⋯⋯⋯⋯⋯⋯⋯⋯⋯⋯⋯28-29
救生索　The Life Line⋯⋯⋯⋯⋯⋯⋯⋯⋯⋯⋯⋯⋯⋯⋯⋯⋯⋯⋯⋯⋯⋯⋯30-31
热带风光——美洲印第安人与大猩猩的搏斗
Tropical Landscape – An American Indian Struggling with an Ape⋯⋯⋯⋯⋯⋯32-33
有灯的房间　Interior with Lamp⋯⋯⋯⋯⋯⋯⋯⋯⋯⋯⋯⋯⋯⋯⋯⋯⋯⋯⋯34-35
大象　An Elephant⋯⋯⋯⋯⋯⋯⋯⋯⋯⋯⋯⋯⋯⋯⋯⋯⋯⋯⋯⋯⋯⋯⋯⋯36-37
善良的撒玛利亚人　The Good Samaritan⋯⋯⋯⋯⋯⋯⋯⋯⋯⋯⋯⋯⋯⋯⋯⋯38-39